KT-393-864

DU MÊME AUTEUR

CANCER, Tristram, 1994.

1993, Tristram, 1994.

VIES ET MORTS D'IRÈNE LEPIC, Tristram, 1996.

L'ANTÉFORME, Tristram, 1998.

ESTHÉTIQUE DU CHAOS, Tristram, 2000.

SOCIETY, Tristram, 2001.

L'ESSENCE N DE L'AMOUR, Tristram/Fayard, 2001.

LA COMMUNAUTÉ VIRTUELLE, Sens & Tonka, 2002.

THÉORIE DU TRICKSTER, Sens & Tonka, 2002.

LA CHUTE DE LA DÉMOCRATIE MÉDIATICO-PARLEMENTAIRE,
Sens & Tonka, 2002.

ÉVÉNEMENT ET RÉPÉTITION, Tristram, 2004.

L'AFFECT, Tristram, 2004.

POP PHILOSOPHIE (entretiens avec Philippe Nassif), Denoël, 2005.

LA PSYCHOSE FRANÇAISE

MEHDI BELHAJ KACEM

LA PSYCHOSE FRANÇAISE

FRANÇAISE

Les banlieues :
le ban de la République

GALLIMARD

© *Éditions Gallimard, 2006.*

Je m'exprime ici en tant que simple citoyen et c'est à ce titre que je donnerai mon sentiment, sans prétendre apporter de solution à quoi que ce soit, ni à qui que ce soit. Mais selon le tri préliminaire de tout ce qui revêt à mes yeux, dans les circonstances récentes, la dimension d'*évidences aveuglantes*.

Ce texte est composé de considérations autour des émeutes urbaines surgies en France à partir de la fin du mois d'octobre 2005, et qui se prolongèrent tout le mois de novembre. Il y est autant fait cas des événements eux-mêmes, et de ce qu'ils signifient au simple sens sociopolitique, que du climat idéologique qu'ils ont ébranlé.

Je commence par la remarque personnelle la plus simple : aucun grand média français, ni la télévision, ni les grands quotidiens et hebdomadaires, ni aucune radio, n'a jugé bon de consulter un jeune intellectuel français d'origine tunisienne, reconnu dans sa génération, à la fois en littérature et en philosophie. Un intellectuel dont une partie de l'adolescence s'est déroulée dans l'une de ces banlieues sinistres[1], et qui a essayé,

---

1. La ville de Fosses. Je conseille chaudement la visite de cette

bon an mal an, de penser la question du *désœuvrement* comme catégorie politique entièrement neuve. Il a fallu que ce soit un grand quotidien allemand qui me sollicite sur la question[1]. Je le signale, car on m'invite, renseigné sur le destin qui a été jusqu'ici le mien dans les lettres françaises, à mêler, pour les raisons que je viens de dire, de considérations subjectives un état des lieux objectif.

Pour tout avouer, je n'aurai pas à me forcer. La réflexion, depuis trois ans, sur la nature de ma trajectoire personnelle dans la France contemporaine, m'a amené à reconnaître dans ce microcosme, point par point, le macrocosme du statut des « populations issues de l'immigration » et du sort qui leur est fait, dans le réel comme dans l'imaginaire « français ».

Je soutiens que le désœuvrement sera appelé à être l'une des questions politiques nouvelles de l'avenir. Mais je me suis souvent heurté soit à l'indifférence, soit à la dignité ouvriériste de l'extrême gauche classique. Du reste, en dehors des réactions massivement « de droite » aux événements, dont il sera largement question dans ces pages, on a vu *même* les extrêmes gauches parlementaires, après un temps de silence coïncidant avec la stupeur des événements, les condamner au nom de la vertueuse « conscience politique » dont les responsables des troubles étaient, selon eux, parfaitement démunis.

---

ville ennuyeuse et déprimante, située au nord de Sarcelles, et accessible par le RER D. Mon enfance s'est déroulée en Tunisie, à l'école ministérielle tunisienne jusqu'à l'âge de douze ans. J'y ai appris le français à partir de huit ans. Je suis arrivé en France à treize.

1. *Die Frankfurter*, le 10 novembre 2005. « Sarkozy gangsterspiel », littéralement : « Le jeu de gangster de Sarkozy ».

Les mêmes partis ne s'interrogent pas sur leur incapacité criante à avoir si peu que ce soit politisé ces pauvres masses adolescentes et désœuvrées, qu'ont «révélées» ces troubles. Le point crucial est le suivant : si cette conscience politique avait été, si peu que ce soit, présente dans ces émeutes, elles auraient revêtu la dimension politique d'une *insurrection*. Une insurrection *sans politique*, ce n'est «qu'un» ensemble d'émeutes invertébrées ; et pourtant, l'ampleur des conséquences de ces émeutes *a bien été* politique, ce qui n'est presque jamais le cas des émeutes, mais seulement des insurrections. Cette singularité historique est assez remarquable pour être analysée *pour elle-même*.

On touche là, du même coup, à l'accusation qu'a le plus souvent rencontrée ma tentative de penser politiquement cette question du désœuvrement : nihilisme. Voilà pourtant exactement *où* chercher, et trouver, la vérité singulière, si inédite historiquement, de ces événements, qui éclaire tout ce que nous sommes, ici et maintenant.

Prenons d'abord la mesure de ce qui nous arrive. C'est la première fois, depuis la fin de la Seconde Guerre mondiale, que la France est aussi à droite. L'extrême droite classique ne pouvant plus prétendre, pour des raisons historiques transparentes, à l'accession au pouvoir, elle en est pourtant venue à *donner le ton*, et à arbitrer, la vie politique française de plus en plus visiblement, jusqu'à ce que la « droite classique » devienne, selon l'heureuse expression que j'ai empruntée à Virginie Despentes, la « droite extrême ».

La « droite extrême » est une extrême droite obéissant aux règles du jeu *démocratique*. Quelques-uns d'entre nous ne pouvaient s'empêcher de pressentir, partout autour d'eux, les signes avant-coureurs de cette imposition idéologique inouïe. Nous y sommes, et presque d'un seul coup. Un seuil a été franchi, qui atteste que les émeutes prolongées de novembre 2005 avaient quelque chose d'« événementiel », au sens le plus générique du terme. Il s'agit maintenant de déterminer si ces émeutes vont produire quoi que ce soit de positif et de générique *politiquement*, ou seulement un peu plus de la noirceur idéologique réactive qui tient le haut du pavé médiatico-parlementaire français ; toutes tendances confondues.

C'est donc d'une condamnation unanime, de la part de la politique médiatico-parlementaire française, qu'auront eu à souffrir les événements sociopolitiques les plus graves depuis mai 68. L'extrême gauche, tout au plus, aura trouvé la solution à retardement, dans l'espoir de faire monter les scores électoraux de ses représentants les plus médiatiques : que cette jeunesse insurgée s'inscrive enfin sur les listes électorales, et tout devrait aller beaucoup mieux.

Pendant les événements, dans une émission diffusée sur une chaîne publique un dimanche après-midi, un intellectuel réputé lance un intéressant débat. Il lit des paroles de rap où il est question de baiser la France et de tuer du flic, et que, en somme, il est grand temps que la liberté d'expression avise à se poser quelques limites. Deux jours plus tard, Daniel Mach, un député UMP, prend le relais, au Parlement supposé représenter la conscience politique du même pays. Il explique, en transe, que, oui, ces paroles sont scandaleuses, ont inspiré les émeutiers, *comme Marc Dutroux a été inspiré par Sade, et comme Hitler a été inspiré par Céline.* On appelle cela de la psychose : si Marc Dutroux avait lu Sade, il ne serait pas Marc Dutroux ; s'il n'y avait pas le rap et deux ou trois autres choses en banlieue, l'incendie serait permanent ; quant à la fine conjonction Hitler/Céline, elle est si grotesque qu'on peut douter du niveau de culture de ceux qui, aujourd'hui, représentent la volonté populaire au sommet de l'État.

On a envie de leur faire écouter des groupes en provenance des États-Unis, où ils trouveront sans difficultés des paroles mille fois plus scatologiques, pornographiques et violentes contre l'Oncle Sam que les plus brutales d'ici. L'exemple n'est pas pris au hasard, et ce n'est pas un hasard non plus si la culture du rap a fleuri surtout dans ces deux États. Ils sont, au monde, ceux qui sont le plus essentiellement fondés sur une idée de l'universel et une culture du métissage et de l'émigration. Avec un écart tout aussi capital, qu'il s'agit de ne pas laisser échapper, pour dégager les lignes d'optimisme qu'on peut raisonnablement établir sur la disette idéologique présente.

Six mois auparavant, à une autre émission de télévision, le même intellectuel commence sa prestation par une sentence : « Il ne faut pas laisser à l'extrême droite le monopole du réel. » Sentence que je trouve emblématique de l'ambiance politique actuelle. Autrement dit, pour ce philosophe, l'extrême droite *c'est* le réel. Dans cette même émission, il s'emporte contre le cas de quelques familles « islamistes » qui interdisent à leurs enfants de « fréquenter du Blanc ».

Pourquoi ne pas citer, dans le même souffle, les familles juives extrémistes, les familles chrétiennes extrémistes, sans parler des centaines de milliers de familles « françaises » qui verraient toujours d'un aussi mauvais œil que leurs enfants adultes ramènent des Noirs et des Arabes – et des juifs... – à la maison ? Pourquoi dénoncer le « communautarisme » seulement de l'autre camp, pas celui qui se théorise, avec le même esprit de conséquence que la famille mentionnée, dans la « communauté close » de Benny Lévy ? Mais non. Il n'a d'yeux, de microscope, que pour quelques familles extrémistes *arabes*.

Le rôle de l'intellectuel aujourd'hui est-il de décalquer les procédés journalistiques d'énumération punctiforme de faits isolés les uns des autres, ou d'ouvrir une perspective *un peu plus vaste* ? La réponse, depuis plus de trente ans, va de soi : l'intellectuel apparaît souvent comme un commentateur des survols médiatiques qui se chassent les uns les autres. D'où l'amer résultat.

On rappelle donc les faits. Le ministre français de l'Intérieur va rouler des mécaniques en banlieue, et se fait simplement huer. Il répond en traitant ses détracteurs de « racailles »[1]. Un peu plus tard, deux enfants meurent par électrocution, victimes des persécutions routinières subies par qui est basané ou noir en France, et

---

1. C'étaient bien les détracteurs qui étaient ainsi visés, et non pas la petite délinquance. Tout contestataire de Sarkozy est donc en puissance une racaille. On attend qu'il fasse la preuve d'un courage égal avec ses autres « adversaires » politiques, par exemple le Front national. Qu'il traite Le Pen de racaille, et je gage que les plus extrémistes et les plus « nihilistes » des contestataires lui laveront l'ardoise. Mais cela ne se produira pas : et c'est ce qu'il est facile de pointer depuis longtemps. Malgré les effets dramaturgiques des incessants faux débats, le médiatico-parlementaire a plus de respect pour lui-même que pour le peuple qu'il représente. Le Front national est partie intégrante de cette démocratie ; de jeunes émeutiers se font emprisonner ou reconduire à la frontière ; des chanteurs de rap subissent des procès.

qui déclenchent les événements au même titre que le baroud de Nicolas Sarkozy.

Il n'est pas inutile ici, pour saisir *où veut en venir* cette «pensée», d'en passer par celle d'un philosophe italien qui s'appelle Giorgio Agamben, sur ce qu'il appelle l'*homo sacer*. Ça veut dire, littéralement, «l'homme qui est mort». Il est l'homme qui est décrété hors la loi, en dehors de la loi, mais qui est, en même temps, capturé dans le dispositif qui le bannit. Je cite : «Observons à présent la vie de l'*homo sacer*, ou celle, à plusieurs égards semblable, du bandit (...). Il a été exclu de la communauté religieuse et de toute vie politique : il ne peut participer aux rites de sa *gens*, ni (s'il a été déclaré *infamis* et *intestabilis*) accomplir aucun acte juridique valable. En outre, comme n'importe qui peut le tuer sans commettre d'homicide, son existence entière se réduit à une vie nue dépouillée de tout droit, qu'il ne peut sauver qu'en fuyant sans cesse ou en trouvant refuge dans un pays étranger. Toutefois, précisément en ce qu'il est exposé à chaque instant à une menace inconditionnée de mort, il est perpétuellement en rapport avec le pouvoir qui l'a banni. (...) En ce sens, comme le savent les exilés et les bandits, aucune vie n'est plus "politique" que la sienne.» Il n'y a qu'à songer aux «clandestins» tirés comme des lapins à la frontière maroco-espagnole pour se faire une idée pleinement actuelle de l'éternité historico-politique de cette figure.

Ban-dit : le ban. Être «au ban», ça ne veut pas dire être *dehors*, exclu de la communauté. Ce n'est pas le «lieu du bannissement», ainsi que le soutient notre cher Jamel Debbouze, au sujet des «événements» justement. Ça signifie : être *à la fois à l'intérieur et à l'ex-*

térieur. Comme le dit une expression consacrée des banlieues, «on est enfermés dehors».

La structure du ban tient à deux extrémités, qui se répondent. Il y a d'un côté le «paradoxe du souverain» : pour décider de ce qu'est la loi civique, la loi des hommes normaux de la Cité, il faut que le souverain soit lui-même hors la loi, «au-dessus des lois». Ce paradoxe a un complément symétrique, qui est, à point nommé, la «structure du ban» : il faut *désigner* celui pour qui la Loi est intégralement suspendue, le ban-dit, le hors-la-loi, le paria. Le paria est à la fois capturé et délivré, enfermé dans l'exclusion et banni par inclusion.

L'homo sacer est l'homme déjà mort de son vivant, le mort vivant, celui dont le meurtre n'a plus aucune valeur judiciaire.

Le ban-dit donc, celui qui est à-ban-donné, incarne la structure fondamentale du ban, où on est exclu de la communauté des hommes tout en y étant lié sur le mode même de cette exclusion. La résonance avec ce qui se passe aujourd'hui dans ce qu'on appelle les banlieues (les ban-lieux) ne peut manquer de nous frapper. «Le ban est essentiellement le pouvoir de *remettre quelque chose à soi-même*, c'est-à-dire le pouvoir de *rester en relation* avec un présupposé *hors*-relation. Ce qui a été mis au ban est *restitué* à sa *propre* séparation et, en même temps, *livré à la merci* de qui l'abandonne : il est à la fois exclu et inclus, *relâché* et *en même temps capturé*.» C'est moi qui souligne.

On peut aussi faire une référence opportune à l'ennemie jurée de la droite extrême : la «pensée 68», et notamment Deleuze et Foucault. Avec des moyens fort différents, les deux ont tenté de penser cette «figure du Dehors», chez les fous, les délinquants, qui étaient, selon l'expression de Foucault, «mis à l'intérieur de l'extérieur», et inversement. Althusser, exprimant assez bien l'esprit qui anima cette génération jusqu'à Bourdieu et Derrida, prescrivait à l'intellectuel, quand les idées petites-bourgeoises étaient au pouvoir, l'assomption inconditionnée du statut de «parias intellectuels» qui était celui de Marx, Lénine ou Freud. Cette remarque n'a, hélas, pas pris une ride, étant aussi vieille que Platon ou Spinoza eux-mêmes; et les heures du plus grand pessimisme intellectuel nous suggèrent qu'il n'en sera jamais autrement, pour tout ce qui comptera jamais dans la pensée. Foucault toute sa vie a souffert d'un complexe de persécution; Deleuze se tenait à l'écart du médiatico-parlementaire; Bourdieu se plaignait sans cesse de son isolement.

Et toute cette mauvaise «pensée 68» nous aura appris qu'il n'y avait rien de plus urgent à penser aujourd'hui, de plus dense et de plus profond philosophiquement, que ces figures-*là*, qui enveloppaient nos conditions tout entières.

Être un paria, ça se mérite.

Tel n'est pas l'avis, on s'en doute, de ceux qui font le jeu de cette idéologie montante, et surmédiatisée, qu'est la droite extrême. Ils le reconnaissent, mais à l'envers : leur «philosophie politique» tient en une tautologie, selon laquelle il faudrait exclure tous ceux qui sont *déjà* dans l'état d'exception, pour que tout aille mieux. Pour que la France aille bien, il ne faut pas *penser* cette figure de l'exclu, du paria, ou à partir d'elle, mais *l'exclure encore beaucoup plus*. Ils ont passé leur vie à vouloir être dans le coup, à «coller à l'actualité», et, miracle !

ils ne distinguent plus rien de ce qui se passe, et repèrent des parias à persécuter et à lyncher partout.

À ce sujet, il est intéressant de voir comme l'homme du réel, le paria, est celui qui suscite, depuis la Nuit de l'humanité, le plus de fantasmes : l'imagerie de la « racaille » sortie de la Nuit, couteau entre les dents, mi-humaine mi-animale, mi-morte mi-vivante, prête à tout instant à mettre la République à feu et à sang. La légende du loup-garou était exactement celle, au Moyen Âge, qui recouvrait le réel du bandit dans l'imaginaire populaire : « L'Antiquité germanique et scandinave nous montre incontestablement les frères de l'*homo sacer* dans le bandit et le hors-la-loi (*wargus*, *vargr*, le loup, et au sens religieux, le loup sacré, *vargr y veum*) », et Agamben ajoute : « Ce qui devait demeurer dans l'inconscient collectif comme un monstre hybride, mi-humain mi-animal, partagé entre la forêt et la ville – le loup-garou – est donc à l'origine la figure de celui qui a été banni de la communauté (…) la vie du bandit (…) n'est (pas) un bout de nature sauvage sans lien aucun avec le droit et la cité : c'est, au contraire, un seuil d'indifférence et de passage entre l'animal et l'homme, la *phusis* et le *nomos*, l'exclusion et l'inclusion », et, faut-il ajouter : la vie et la mort.

Le bandit moyenâgeux était très exactement celui qu'on considérait comme *déjà mort*, et c'est à ce titre que n'importe qui pouvait le tuer : « loup-garou précisément, ni homme ni bête, qui habite paradoxalement dans ces deux mondes sans appartenir à aucun d'eux ».

En épluchant la mythologie antique, on apprend qu'aussi bien Hésiode que Platon, Pausanias que Pline l'Ancien font référence au même mythe, et toujours pour les mêmes raisons : les rites païens, sanglants et souvent atroces, consistaient à commémorer le *lieu obscur du passage de l'homme à l'animal*. On sait tout ce que l'imagerie animalière contribue à pourvoir dans les imaginaires racistes de tous âges; et en particulier aujourd'hui, dans le discours politique, quelques productions littéraires, et aussi une partie de l'art contemporain. Les images du paria, du gibier, du lépreux, de la bête traquée et autres brebis galeuses ne cessent de faire la délectation morose et frissonnante du petit-bourgeois dépressif.

Car c'est bien cet imaginaire qu'on retrouve, comme intact, à travers l'extraordinaire diversité des mythes et des rites antiques, étant donné à la fois la nature même du paganisme et la difficulté à les reconstituer. Mais il y a aussi des invariants : presque toujours, c'est la forme du loup qui est évoquée; et, systématiquement, la durée du bannissement était de neuf ans. Si, au bout de neuf ans, l'homme transformé en «loup sauvage/sacré», l'homme «lupinisé», le loup-garou, n'avait pas touché à de la chair humaine, il redevenait humain et réintégrait la communauté des hommes.

Ce mythe a des fondements dont il est établi désormais qu'ils sont réels, par exemple psychopathologiques : un médecin de l'époque, qui s'appelait, tenons-nous bien, Sida, même orthographe, Marcellus de Sida, traitait cette psychose par des saignées, considérées alors comme un remède universel. La psychose, dont on nous dit qu'elle était très fréquente à l'époque, était très simple : Sida nous décrit des patients qui, «la nuit, se mettaient à courir dans la nature, imitant en tout point les loups et les chiens, et qui vagabondaient jusqu'à l'aube, hantant surtout les cimetières»; quand ils revenaient, ils portaient très souvent des traces de morsures de chiens sur le corps.

En fait, l'épopée d'Ulysse elle-même est une sorte de monumentalisation de la structure mythique du loup-garou. « La vie d'Ulysse prend un tournant décisif quand il devient témoin (...) d'un repas cannibale, Homère nous parle d'un "secret indicible". Dans une série de visions parallèles, Ulysse se voit contraint de manger lui aussi de la chair humaine. Une violente lutte s'ensuit, Ulysse doit s'échapper sous forme animale, sous la toison d'un bélier – qui évoque un autre rite sacrificiel intéressant que je n'ai pas le temps d'évoquer ici, et qui est à la source de l'imagerie du "bouc émissaire". C'est à partir de là qu'il commence un exode qui dure exactement neuf ans, dans des pays inconnus, avant de pouvoir rentrer chez lui[1]. »

Dans le paganisme comme dans le monothéisme, l'épopée et le destin héroïques ou messianiques sont étroitement liés, et même se confondent de tout temps absolument, avec la circonstance de l'abandon, du bannissement les plus extrêmes. Ulysse, Moïse furent d'abord des parias, et seuls les parias, avec les progrès du monothéisme puis de l'athéisme, étaient appelés à devenir des sujets héroïques.

Il n'est donc pas faux de fantasmer dans les émeutes de banlieues quelque chose qui renvoie au vidéoclip

---

1. Walter Burkert, *Homo Necans : Rites sacrificiels et mythes de la Grèce ancienne*, Paris, Les Belles Lettres, 2005. *Homo necans* signifie l'inverse symétrique de l'*homo sacer* : « l'homme qui tue », l'homme loup-pour-l'homme.

Thriller de Michael Jackson, où les morts se réveillent de leurs tombes : les images des émeutiers, dans la Nuit et les fumigènes, sont ces êtres «déjà morts» de leur vivant, qui se réveillent pourtant pour faire régner la Terreur dans la Cité qui les a bannis. La ville de banlieue où j'ai en partie grandi, Fosses, constitue à ce titre un plaisant lapsus : il arrive au paria de se réveiller des fosses communes anonymes où on l'a enterré, avant même qu'il ne meure biologiquement, ayant été décrété mort de son vivant. Quitte à ce qu'on l'y renvoie, le soulèvement terminé, et qu'on n'entende plus parler de lui.

C'est donc bien lui, le paria, qui, du réel, a le monopole, que tout penseur se propose de penser. Marx ou Foucault, Freud, Deleuze ou Bourdieu, en tout cas, n'ont jamais essayé de penser autre chose. Et il est curieux de constater qu'en partant de ces figures extrêmes, ils auront pensé *le plus de choses possible* ; tandis que ceux qui se donnent pour tâche de «tout penser», c'est-à-dire ce qui est au menu culturel ou politique des médias, dans leurs œuvres ne pensent, à brève échéance, jamais rien de consistant.

Le rapport avec aujourd'hui peut alors commencer à transparaître. Après la figure des morts vivants réveillés de leurs fosses, Nicolas Sarkozy grimace, sur un mode bouffon, le souverain hors la loi à nouveaux frais, et exhibe le rapport qui existe entre le bandit et le tyran. Disons simplement qu'on a beau être en démocratie, c'est ce spectre qui hante tout système politico-étatique depuis la nuit des temps. Le souverain est celui qui *désigne* l'exception à qui la loi ne s'applique pas, l'assignant à ce qu'on appelle, à point nommé, l'état d'exception. Il doit avoir ce ban pour repère, afin de pouvoir définir ce qu'est la loi pour les citoyens « normaux ». Il y a donc toujours un geste hors la loi qui définit le souverain, et le lie obscurément au bandit : *pour décider de ce qu'est la loi, il faut se considérer comme en dehors d'elle.*

Pour la première fois depuis la guerre d'Algérie, on parle de l'état d'exception en France ; et la loi sur le couvre-feu a été ressortie à la faveur des événements. Que tout cela se fasse dans les limites quand même acquises du droit démocratique, c'est heureux ; et on sait que dans ce cadre, au moins, le ministre de l'Intérieur et le gouvernement ne peuvent aller trop loin[1].

À condition d'ajouter que, aujourd'hui, la figure du souverain *classique* est de retour en grande force sous nos yeux, avec Bush, Poutine, Berlusconi, qui décrètent l'état d'exception où et quand ça leur chante, sous prétexte de traquer ces hors-la-loi contemporains que sont les « terroristes ». Le conflit israélo-palestinien constitue un état d'exception prolongé, c'est pourquoi le monde entier a les yeux braqués sur lui : il concentre les questions politiques les plus cruciales de l'avenir, sous une forme quasi pure. Mais il porte aussi la généalogie de tout ce qui a fait l'humanité. Ce n'est pas un hasard non plus si on a parlé au sujet des émeutes de novembre 2005 de « palestinisation » des banlieues, voire d'« euro-intifada ».

Un lien obscur unit donc le souverain, qui décide de la loi, et le « bandit » qui s'en excepte car, en fait, le

1. Ce qui ne doit pas nous fermer les yeux sur le fait que les sans-papiers, les SDF, etc., vivent dans des conditions abominables dans nos sociétés ; que les conditions de leur expulsion ou de leur mort sont inhumaines ; que certaines prisons françaises présentent des conditions parmi les plus lamentables qu'on puisse connaître dans le monde entier, et en tout cas les pires en Europe avec la Turquie ; etc.

souverain *lui-même* est celui qui s'excepte de la loi. Sur un mode «léger», parodique, «démocratique», etc., les événements récents ont été la présentation stricte de cette double structure.

Karl Marx parlait des événements majeurs de l'Humanité en ces termes : ils survenaient toujours une première fois sous forme de tragédie, la seconde fois sous forme de farce. Faisons donc la lumière sur les coulisses du «Sarko show», comme on dit aujourd'hui ; du grand opéra-bouffe mis en circulation sous le nom de «Nicolas Sarkozy», où le lien souverain-bandit est apparu sous un jour franchement comique.

Cet été est paru un article, dans le magazine *Technikart*, qui m'avait dans un premier temps passablement agacé ; et où l'on comparait la figure de Nicolas Sarkozy au personnage cinématographique de Tony Montana. Tony Montana est le héros d'un film de Brian de Palma, joué par Al Pacino. Il s'agit d'un malfrat cubain qui arrive à émigrer, au prix d'un meurtre négocié, aux États-Unis, à Miami, y fait une carrière fulgurante de gros bonnet de la drogue, aux méthodes particulièrement sanguinaires, et finit très mal, par une sorte de crucifixion à la kalachnikov. C'est le film absolument culte à la fois des ghettos américains et des banlieues françaises ; une figure presque obligée dans le rap, par exemple. L'imagerie du bandit, du gangster a été très importante dans ces «sous-cultures» des ghettos, et pourquoi ? Parce que le voyou, le casseur, etc., est, bien entendu, du point qui est le sien, celui qui *sait* qu'il ne peut avoir accès aux biens du capitalisme *par la voie légale* ; et prend, de sang chaud, le chemin le plus court pour s'en emparer.

Le capitalisme, à travers le déplorable succès rencontré sur ce terrain par le rap et le cinéma, a donc offert au ban une sorte d'image narcissique d'Épinal : le gangster défiant toutes les lois, pour jouir de la marchandise à laquelle, sinon, il n'aurait pas droit.

J'en profite pour faire un sort à un argument communément avancé pour déconsidérer cette imagerie, et les émeutes «nihilistes» comme celles de novembre 2005 : que j'appelle l'argument Père-de-l'Église «gauchiste», avancé fort naturellement par la LCR et LO d'un grand air vertueux. Il s'énonce à peu près comme suit : «Ces "jeunes", on le voit bien, ne sont mus par aucune volonté subversive ou bonne conscience révolutionnaire, mais bien par l'avidité de la consommation capitaliste.»

Cet argument émanant toujours de personnes jouissant fort «normalement» du confort bourgeois standard, en logement et en biens, il devrait s'infirmer de lui-même. Pourquoi est-ce que quelqu'un dont les conditions d'existence interdisent de pouvoir jamais accéder au luxe capitaliste par la voie légale ne s'essaierait-il pas, quand il peut, à la seule voie qui lui soit praticable ? Je me sens proche, par mon travail et ma position, de tous ceux qui ont une formation bac + 8 et qui ne trouvent que des emplois de veilleur de nuit parce qu'ils ont la peau basanée. Cela ne m'empêche pas d'analyser, impartialement, la montée aux extrêmes de ces jeunes désœuvrés aussi. Et après tout, rien ne dit qu'il n'existe pas d'émeutiers bac + 8 ; ça s'est vu souvent, par le passé, quand tout n'était pas recouvert du discours de la droite extrême.

Je récuse, dans le même ordre d'idées, ce que j'appelle la conception théologique du Capital (dont la plus prisée actuellement est celle qui parle du capitalisme mondial comme d'un «Empire»). C'est-à-dire : le nihilisme et le défaitisme, convenus depuis trente ans, face aux «grands soirs» et aux «lendemains qui chantent». Rien de tout cela n'était dans la rationalité marxiste : quand on m'évoque, avec cet air désabusé de l'intellectuel «moderne» qui en sait long, l'eschatologie paradisiaque de feu le marxisme, je réponds par l'eau chaude et l'électroménager, dont l'écrasante majorité de l'humanité, on ne sait trop pourquoi en 2005, ne jouit toujours pas.

Il n'y a jamais eu d'autre *réel* du marxisme, dans la lettre stricte du texte, que celui-là : le communisme est un capitalisme *pour tous*. Les biens dont «nous» jouissons, notre dépression et notre mauvaise conscience nous disent simplement qu'il est une immense part de l'humanité qui n'en jouit toujours pas, et qu'il n'est aucune raison rationnelle qui le justifie.

Ces insurgés ne font que reprendre le constat testamentaire de Guy Debord : «Partout se posera la même redoutable question, celle qui hante le monde depuis deux siècles : comment faire travailler les pauvres, là où l'illusion a déçu, et où la force s'est défaite ?»

Allons au fait de la farce «qui tue», comme on dit aussi au sein du bon peuple. Dans l'article que je citais plus haut, ses auteurs «déguisaient» Nicolas Sarkozy en Tony Montana, et interrogeaient des «racailles» de banlieue qui disaient leur admiration pour cet aspect de sa personnalité. Et finalement, cet article touchait bien à la question : l'événement qui a mis le feu aux poudres, plus encore que l'électrocution de deux gamins, c'était les propos du ministre sur le «nettoyage au Kärcher» des «racailles», des «cailleras» comme on dit aussi, de banlieue.

Les auteurs de l'article allaient demander à des jeu-nes-de-banlieue[1] ce qu'ils en pensaient, et ils disaient, à peu près : «ouais, Sarko, on l'aime bien, il est "comme nous", c'est un dur, il a des c..., etc. C'est un vrai gang-ster, un vrai Tony Montana.» Le montage m'avait vrai-ment agacé sur le coup ; je me suis dit, bon, là, il serait bon qu'ils arrêtent les enfantillages, nos amis de *Technikart*. Mais l'enfantillage n'est pas une maladie isolée de ce magazine.

Le prix à payer est désormais voyant. Prenez Nicolas Sarkozy : un grand enfant de cinquante ans, dont la montée en graine a quelque chose de transfini, avec des attitudes de gosse sans cesse pris en faute, regard biaisé, et une vision politique d'adolescent abreuvé de télévision et de jeux – exactement ce qu'on reproche à ceux des banlieues. Voyez Bush. Voyez Berlusconi (un peu plus viril quand même, d'où sans doute son assomption plus ouverte du fascisme historique). Le syndrome de Peter Pan – le désir de rester un éternel enfant, et la question de l'immense part que prend l'infantilisme obligé de notre génération dans la constitution d'un fascisme inédit – a de très beaux jours devant lui.

Je soupçonne que le ministre de l'Intérieur avait lu l'article dont je parle. J'imagine même la scène : ses conseillers en communication, qui lisent tout ce qui

1. Le syntagme de «lascars» est considéré par ces jeunes comme plus générique pour leur cas que «racaille». C'est donc celui que j'utiliserai désormais de préférence.

paraît, lui amènent l'article ; ils rigolent un bon coup ; et, en secret, le ministre se prend au jeu, et pour le rôle, qu'il croit soudain taillé *sur mesure*. Rivalité mimétique, dirait l'anthropologue René Girard[1].

On connaît la suite : quand il a mis le feu aux poudres, c'était frappant dans son maintien, tenant haut la tête et la dodelinant nerveusement. On aurait dit les imitations de Robert de Niro que faisait avec grand talent, il y a quelques années, le comique français José Garcia : « You fuck my wife ? » « Vous en avez marre de cette racaille, hein ? » Il se croyait dans un western spaghetti, c'était Al Pacino dans *Scarface* (avec la diction latino de Tony Montana) : « You know what is a *haza*, Franck ? It's the one that don't go straight. » « Eh bien, je vais vous en débarrasser. Au *Kärcher*, motherfuckers ! »

Imaginons maintenant la tête des lascars quand ils voient ça à la télévision, dans leurs immeubles sordides : « OK, il veut jouer au dur ? » On a vu la suite. Sarko *sacer*. Carbonisé.

Et c'est peu de le dire. Les médias se font tout oublier à eux-mêmes dans leur flux, mais le spectateur, lui, n'oublie pas ce qu'il vit alors. Le ministre de l'Intérieur a, pendant dix jours, le visage le plus décomposé qu'on ait jamais vu à un homme politique depuis longtemps (de Gaulle, face à des événements encore autrement menaçants, ne s'était pas, lui, démonté). Il explique aussitôt que les émeutiers sont, massivement, des délinquants déjà flanqués de casiers judiciaires. Il s'avère bien sûr, quelques jours plus tard, qu'il n'en est rien ; que, dans leur très écrasante majorité, leur casier judiciaire est vierge.

1. *Le Bouc émissaire*, René Girard, Paris, Grasset, 1982.

Oui, *mais* ils sont massivement noirs et arabes. C'est circulaire : comme ce sont, à leurs traits reconnaissables, les Noirs et les Arabes qui se font persécuter tous les jours par la police, et comme la police, pour trancher dans le lard, s'en prend aux mêmes cibles pour calmer le soulèvement, c'est acquis : la plupart des émeutiers *sont* des petits bougnoules et des petits négrillons, puisque l'État et les journaux télévisés le disent, et que la police n'arrête qu'eux.

J'affirme qu'il n'en est rien dans le réel, qu'on l'apprendra un jour lorsque l'on enquêtera sur les faits sérieusement, que les jeunes insurgés étaient équitablement représentatifs de la France telle qu'elle est : « black-blanc-beur », selon l'expression désormais consacrée.

Il y a seulement quelques années, ce ministre, ni nul autre homme politique à part Le Pen, n'aurait *pu* simplement *dire* : il n'y a, en banlieue, ni problème de chômage, ni de misère, ni d'abandon scolaire : il ne s'y trouve *que* des problèmes de délinquance. Maintenant, il le peut. Voilà qui nous fait tâter le vrai pouls de notre démocratie : où le plus pur porteur de la plus totale absence de politique devient, par le fait même, sa vedette élective, autorisé à colporter les plus intenables analyses partout où il va.

Quelques semaines plus tard, les Renseignements généraux, qu'il est difficile de soupçonner de sympathies gauchistes, infirment encore davantage la version sarkozyste des faits : les émeutes étaient spontanées (ce qui est la définition toute tautologique de l'émeute, mais Nicolas Sarkozy l'ignore *à ce point* que c'est la police elle-même qui doit le lui apprendre), sans meneurs et sans programmes, et motivées pour l'essentiel par un sentiment d'exclusion sociale, dont le sentiment d'appartenance ethnique n'est qu'un effet dérivé.

Voilà qui est du simple bon sens, à condition d'ajouter que, pour qui est au ban, la question de l'appartenance ne se pose jamais que dans un second temps, et toujours – je veux dire y compris chez ces émeutiers notoirement incultes – dans un rapport *dialectique* à *deux* appartenances, dont on est pareillement exclu. On n'est ni occidental ni africain ; on n'est rien. On est refusé d'appartenance ici comme là. On n'a *pas* d'ailleurs où trouver refuge.

Puisque c'est *cela* être au ban : être refusé d'appartenance où que l'on aille, et donc être *intérieur* à la zone d'exclusion où on vous parque, et *exclu* partout là même où on vous dit légalement «inclus» du sérail républicain (ou autre...) : «enfermé dehors», dame, et aussi bien exclu dedans. Vous pouvez disposer d'une carte d'identité française, et être exclu du pays, si le souverain décide qu'il en sera ainsi.

Il s'agit donc, je le répète, de bien prendre la mesure de ce que signifie ce nouveau seuil franchi par l'espace idéologique français ; et quels retours de flamme en attendre, dans le plus proche avenir.

Il s'agit d'une *fantasmatique*, aux composantes invariables. Dans une surenchère de lucidité qui sent bon son rapport de première main au fameux «réel», un des relais de la propagande gouvernementale, journaliste dont on taira le nom, demande : tout cela n'était-il pas, à tout hasard, *manipulé par l'islamisme* ? Le ministre de l'Intérieur entérine : bien sûr, il y a des *barbus* là derrière. Nous avions, du temps de la propagande américaine anticommuniste, la caricature du Chinois Fu Manchu, génie du mal fourbe, aux ongles fourchus et

31

à la moustache interminable, toujours fendu d'un sourire sardonique. Nous avons aujourd'hui l'image d'Épinal du tueur inéluctablement arabe, fanatisé et drogué par le Vieux de la Montagne, office qu'occupe, avec un charisme indéniable, Oussama Ben Laden[1]. On pense aussi aux conspirations rabbiniques de la bande dessinée *Tintin*, dans l'album *L'Étoile mystérieuse*.

À la suite de l'accession, le 21 avril 2002, de Jean-Marie Le Pen au second tour de l'élection présidentielle en France, j'ai donné mon sentiment sur les événements, dans un texte qui s'intitulait *La chute de la démocratie médiatico-parlementaire*[2]. La violence et le lyrisme du ton étaient dus, moitié à mon tempérament de l'époque, moitié aux événements personnels qui ont entouré sa rédaction, surajoutés à ce qui se passait nationalement : par une coïncidence qui reste encore aujourd'hui traumatisante pour moi, mon père, infor-

---

1. Pour la bonne vue d'ensemble de l'analyse que développe ce court texte, il est important de rappeler d'où vient Oussama Ben Laden : ce n'est pas seulement un «taliban formé par la CIA», et qui s'est retourné contre ses maîtres. L'hypothèse reste crédible de la responsabilité décisive qu'a portée la guerre en Afghanistan dans la chute de l'ex-URSS, et acquise celle de l'instrumentalisation du «terrorisme» «islamiste» par les États-Unis à cette fin. Le point clé, dans l'idéologie française des trente dernières années, est celui qui fait du crime d'État la catégorie centrale de la politique, à l'ombre du fascisme et du stalinisme. Si c'est bien le cas, alors force est de convenir que les États-Unis, depuis la mort de Staline, détiennent le record des crimes contre l'humanité perpétrés dans le monde, et de très loin. Le mensonge quotidien que nous avons à subir consiste en cet «humanisme» pro-américain, qui oblitère la responsabilité directe de ce pays dans des millions de morts, des tortures, des dictatures sanglantes et des catastrophes humanitaires dans le monde. Il est même hallucinant que cette responsabilité soit à ce point oblitérée dans notre information «démocratique».

2. *La chute de la démocratie médiatico-parlementaire*, Paris, Sens & Tonka éditions, 2002.

maticien de haut niveau, issu d'une famille tunisienne paysanne, était rentré, de façon définitive, dans un état psychologique calamiteux, *exactement ce jour-là* en Tunisie. Ce qui explique le pathos et la fureur du style. Quant à son fond et ses diagnostics, je n'ai malheureusement rien à y redire; que confirment avec éclat les événements récents. Du désespoir et de la colère qui infléchirent les excès de ce texte, je retiendrai de ces diagnostics celui qui a commandé ce désespoir et cette colère : la gauche, presque tout entière, plutôt que d'appeler à la révolte contre le système qui avait permis cet « événement », a préféré, en masse, appeler à voter pour Jacques Chirac. Ceci, sans regarder aux conséquences funestes qui ne manqueraient pas de s'ensuivre; dont nul ne pouvait, en se dotant d'un petit délai de sobriété et de réflexion, résistant à l'intimidation hystérique qui se donna libre cours pendant deux semaines dans les médias, ignorer l'inéluctabilité. La gauche française va en avoir encore pour longtemps à digérer cette faiblesse historique. Elle s'est alors tout simplement tiré une balle dans la tête.

J'ai donc beaucoup réfléchi, il y a cinq ou six ans, sur la question de la portée philosophique et métaphysique du jeu, et je continue encore aujourd'hui. Le jeu du paria peut lui aussi, *dans une démocratie, ou ce qu'il en reste*, s'avérer amusant. Quoi qu'il en soit, j'ai pris sur moi, et *m'en suis joué*; ce qui ne suffit pas à ne pas désespérer de la tournure que prend la démocratie médiatico-parlementaire; mais offre le luxe d'y voir très clair, sans intérêt et sans passion.

Ce que cette pensée m'amène en tout cas à dire fermement, dans l'espace compté de ce texte, c'est que ce ne sont pas les « lascars » qui ont une vision du réel oblitérée par la pratique abusive des jeux vidéo ; au contraire, les jeux vidéo ont des vertus pédagogiques insoupçonnées. Ils savent que le jeu *apprend quelque chose sur le réel* : un des axes de mon travail étant de montrer comme, philosophiquement, le triomphe du jeu consiste en un nouveau rapport de l'Humanité à la question de la *Loi*.

Sur le réel de la démocratie médiatico-parlementaire, par exemple, de la Loi aveugle qu'elle exerce, et de la place exacte qu'ils – les « lascars » – peuvent y tenir. Cette « démocratie » est devenue un grand jeu, un complexe de Peter Pan où tout le monde se prend, Nicolas Sarkozy le premier. Le problème est que ce dernier, au contraire de ceux qui le défient, *ne le sait pas.*

Ce qui est une définition raisonnable de la psychose. Et pour mon compte, résolument du côté de cette jeunesse abreuvée de jeux vidéo, de rap et de pornographie, j'assume avoir joué, comme eux, le jeu jusqu'au bout, et en avoir subi les conséquences. Le risque aura, en tout cas, porté quelques fruits, et mis au jour la réalité de l'idéologie nihiliste et la psychose de notre temps. Qui ne se trouve pas chez ces « lascars » arabes ou noirs. Mais principalement dans l'espace mental, psychologique, idéologique, du petit-bourgeois « blanc », qui peut fort bien être « noir » et « arabe », où le jeu démocratique génère, on ne sait trop comment, de plus en plus de pulsions fascistes.

Je me considère comme pleinement français; et tous les «Noirs» et les «Arabes» de France de même. Dès que nous mettons en cause, si peu que ce soit, la forme démocratique du pays où nous vivons, la réaction, de la droite extrême à la bourgeoisie parisienne «de gauche», ne se fait pas attendre : s'il n'est pas content, «qu'il rentre chez lui», là où sévit, toujours, la dictature. La «démocratie», d'accord, elle n'est pas parfaite, mais, quand même, «c'est le moins pire», donc n'y touchons pas. Et quand un roquet dans mon genre ose atteindre ce niveau de virulence «révolutionnaire», on en fait ouvertement un paria. C'est le sort commun qui échoit à tous les «Noirs» et les «Arabes», partout où ils vont, et cherchent à s'exprimer.

Pour citer un de ces exemples qui fâchent, j'ai entendu un ouvrier sans papiers expliquer son sentiment face aux élections présidentielles françaises de 2002 : dans le pays africain d'où il vient, il y a *plus* de démocratie qu'ici. Voilà ce que sa lucidité en venait à soutenir : «S'ils veulent voter Le Pen, qu'ils votent Le Pen! Ce n'est pas à la démocratie de les en empêcher! Chez nous, c'est plus démocratique qu'ici!» Scandale! Kärcher! Charter!

Ce qu'on ne sait pas assez, c'est que ces sans-papiers ne sont pas *moins* désabrités «chez eux» qu'ils ne le sont ici. On apprend, par exemple, que le *quart* de la population ivoirienne est sans papiers. On apprend qu'on dépense trois fois plus pour l'entretien d'un animal destiné à la consommation d'un Occidental, que pour un Africain (d'où l'intérêt d'étudier dans les rites sacrificiels anciens ce qui constituait le lieu obscur de passage de l'animal à l'humain). On apprend encore que la somme dépensée par les Américains en parfums,

35

durant une année, couvre le coût des médicaments génériques dont a besoin l'Afrique pour traiter dignement l'épidémie du SIDA. On sait enfin que le compte en banque d'un des hommes les plus riches du monde est équivalent au produit national brut total des quarante pays les plus pauvres.

Le motif du désabritement, qu'incarnent exemplairement les ouvriers sans papiers, a une portée politique beaucoup plus vaste encore, dont l'analyse exhaustive tend à annoncer qu'en effet il se pourrait que nous soyons tous appelés à devenir, à quelque tournant imminent de l'histoire contemporaine, des parias. Songeons à ce qu'on appelle les « délocalisations ». Elles pointent exactement ce qui va de toute nécessité arriver à une majorité de travailleurs manuels, ce qu'on appelait naguère encore le prolétariat, français « de souche » ou autres. La délocalisation est la procédure, incolore et indolore, du capitalisme avancé pour mettre, sans justification, quelqu'un au ban, *sous le seul prétexte qu'il travaille manuellement*. Les cas ne cessent de se multiplier : le dernier en date à ma connaissance, une proposition de délocalisation, de la part d'une entreprise française, à ses ouvriers : en Malaisie, au salaire avantageux de 1 500 euros. *Par an.*

Aujourd'hui, il n'est que trop facile de voir à quoi nous devons nous attendre : l'imposition de critères raciaux *pour le travail manuel lui-même* : où on s'entendra enfin sur les « délocalisations ». Priorité donnée au sang, à la souche, à l'ouvrier occidental ; que voulez-vous, c'est le seul moyen de s'en tirer. Voilà le ban que la « mondialisation » avancée prépare au prolétariat de tous les pays, naguère encore sommé de s'unir. Comme il n'est plus de lieu, de pensée et d'action, où il le puisse, on aménagera le meilleur des mondes *ad hoc*. « Demain nous irons au zoo », dit la chanson.

On a vu de sympathiques supporters de football « blancs », en Italie, brandir une banderole à l'adresse de tous les joueurs noirs évoluant dans ce pays : « Auschwitz est votre patrie, et les chambres à gaz votre maison. » Il est curieux que nos intellectuels et politiques s'émeuvent davantage d'une poignée de groupes de rap, souvent inconnus hors de leur ghetto, et pas de ces signes contemporains diffusés sur toutes les télévisions. Ils ne se sont pas davantage émus, ni aucun de ceux qui leur ressemblent, d'un des premiers signes du suicide annoncé de la gauche française, au tout début des années quatre-vingt, quand un licenciement de trois mille ouvriers d'une usine Talbot s'est doublé de l'abandon du cheptel par le Parti communiste français, et par tous les syndicats, au cri solidaire de : « Les bougnoules, au four ! »

Il faut donc, si je comprends bien, faire taire trois rappeurs, éradiquer l'islamisme, apprendre la natation et la chasse à courre (passive) aux sans-papiers, et tout ira enfin pour le mieux, dans le moins pire des mondes possible. Au-delà de cette courte ordonnance, on cherchera en vain quelque chose comme « l'honneur intellectuel de la France », comme s'est à peu près exprimé, toute honte bue, Nicolas Sarkozy.

Pour confirmer la partie qui se joue actuellement, et le retour du lien obscur qui unit le « souverain » médiatico-parlementaire et la « racaille » *sacer*, on constate qu'un homme d'État ne *peut pas* se rendre dans des régions déterminées de cet État : les banlieues bien sûr, en tout cas pas n'importe où et pas sans une épaisse garde rapprochée, et les départements d'outre-mer, là de manière inconditionnelle. Aimé Césaire, Édouard Glissant, Patrick Chamoiseau : voilà des noms qui sauvent l'honneur intellectuel de la France, en refusant, contrairement à d'autres, de rencontrer le tenant-lieu annoncé du fascisme démocratique à la française.

Le retournement imminent est pourtant, à cette lumière, simple : ces « Arabes » et ces « Noirs » *sont le futur de la démocratie* en France. Ils ne sont les ennemis de cette démocratie que dans l'imaginaire bourgeois et casanier de la droite extrême, et dans la montée aux extrêmes racialistes qui est tout ce qui lui reste à agiter en matière de « débat politique ». On est amené à conclure qu'il vaut aujourd'hui encore mieux, quant à faire l'entretien de son rapport au réel, s'abreuver de paroles de rap, de jeux vidéo et de films porno, que de journaux télévisés.

Ces jeunes révoltés sont, au-delà du fantasme d'escouades de « racailles » animales et de morts vivants, *tout le réel* de la démocratie. Ils sont le futur de la littérature, de la philosophie, de la politique, de la science. Ils ne représentent aucune « race », mais le *peuple français réel*. Ce ne sont pas « les banlieues » qui sont des bans, mais désormais la France *tout entière* qui est le ban du médiatico-parlementaire. La France est *appelée* à donner l'exemple en proposant des formes novatrices de démocratie ; ou à sombrer dans les pires heures de son histoire depuis Vichy. Formes qui passeront par un séisme du médiatico-parlementaire *comme tel*, séisme dont les émeutes de banlieue ne sont que le son de cor.

Je glisse une anecdote. Invité il y a quelques années à une émission de radio, et c'était quelques mois avant les élections présidentielles de 2002, j'ai affirmé à la journaliste qui m'interrogeait que je n'allais plus voter depuis des années. Elle m'a asséné ce qu'on dit dans ces cas-là : que des gens sont morts pour que j'aie ce droit. Mais c'est ce qu'il y a d'absolument fallacieux dans l'espace mental que nous habitons. Être fidèle à ceux qui sont morts pour qu'il y ait davantage de démocratie, c'est se battre encore et à nouveau aujourd'hui pour la faire avancer. Ce n'est pas dormir sur ces lauriers et son confort nihiliste, ce qui a l'incompréhensible inconvénient de la faire reculer, jusqu'à l'état des lieux d'aujourd'hui. Cela, se contenter d'hériter de ce pour quoi se sont battus nos ancêtres, c'est cracher sur leurs cadavres. Et ce nihilisme sarcastico-dépressionniste, qui n'est *jamais* celui de l'homme du ban, mais *toujours* celui de l'homme classe moyenne « blanc », c'est celui-là qui nous fait, jour après jour, courir, tous, à notre perte. Pas les incendies des banlieues. Le sarcasme, le nihilisme et la dépression égocentrique qui empêchent de changer, si peu que ce soit, le monde, et de faire, si peu que ce soit, œuvre *progressiste*, voilà ce qui carbonise, sûrement et implacablement, la démocratie. Pas quelques paroles de rap bien torchées. Le problème est dans le nihilisme dépressif qui a constitué, en toutes choses, le réflexe obligé de la génération à laquelle j'appartiens. Le problème est dans la *forme* de politique et de gouvernement qui a autorisé à ce qu'aucune précaution ni dissuasion ne se révèlent suffisantes pour enrayer l'irrésistible montée de la droite extrême.

Les propos du dernier Debord, dans la rétrovision, prennent depuis quelques années un relief troublant. Comme si le Kafka que cette époque n'a pas mérité avait jeté les grandes lignes de son roman, sous la plume du théoricien alcoolique et « paranoïaque ». Comme l'a résumé Philippe Sollers de manière fulgurante, dans un entretien datant d'une quinzaine d'années : « Il faut être paranoïaque pour entrer dans la tête des Maîtres. Debord le démontre admirablement. »

Jamais censure n'a été plus parfaite. Jamais l'opinion de ceux à qui l'on fait encore croire, dans quelques pays, qu'ils sont restés des citoyens libres, n'a été moins autorisée à se faire connaître. Jamais il n'a été permis de leur mentir avec une si parfaite absence de conséquence. On peut publier un roman pour préparer un assassinat. Rien n'est plus facile que de déguiser des policiers en artistes. On fait la réputation de romanciers-policiers, de comiques-policiers, de journalistes-policiers, de philosophes-policiers. C'est la première fois de l'Histoire qu'on complote, sans cesse, *en faveur* de l'ordre établi, parce qu'il n'a plus de dehors. Ce complot est devenu si dense qu'il s'étale quasi au grand jour. Pour la première fois, dans cette société parfaite comme jamais société ne fut, plus personne n'ose seulement prétendre qu'il tenterait d'y changer quelque chose d'important. N'importe quelle réputation personnelle est devenue malléable et rectifiable à volonté par ceux qui contrôlent toute l'information. Cette démocratie si parfaite fabrique *elle-même* son inconcevable ennemi, le terrorisme ; loin de la menacer, il est le gage ultime de son maintien perpétuel ; puisqu'elle n'aura jamais plus à être jugée sur ses résultats, mais sur ses ennemis.

Les résultats du tableau dépeint par Debord sont bien connus de tous. Le président du médiatico-parlementaire, aux États-Unis comme en France, en Russie et en Italie, est élu dans des conditions transparentes. Il exporte, le cas échéant, la démocratie telle qu'il la conçoit, aux yeux du monde, dans les pays qui y avaient résisté, et on obtient des carnages. Aucune des manipulations familières à l'ennemi, dans ses médias, ni aucune de ses méthodes, la torture par exemple, n'est plus à négliger. On sait que ne pas intervenir, par des moyens qui sont à sa portée rationnelle et mesurée, sur le SIDA en Afrique, équivaut à un génocide par procuration. On sait ce qui s'est passé au Rwanda. Ici, d'après notre toujours exact ministre de l'Intérieur, la scandaleuse situation des travailleurs sans papiers a reçu sa juste sanction théologique, le feu. Là, en Italie nommément, le tabou sur le fascisme historique est enfin levé par son dirigeant, depuis au moins quinze ans. Comme en France, les « dérapages » d'extrême droite font de la publicité à quiconque s'en rend responsable (Houellebecq, Dantec, etc.).

En revanche, celui qui se rend coupable, sur la même place publique, d'un supposé « dérapage d'extrême gauche », est tout simplement anéanti, et c'est tout dire de ce qu'il y a à attendre, dans les années qui suivent, du train où vont les choses. Inutile, dans ces conditions, de rêver à la victoire de quelque « gauche » que ce soit, par les voies du médiatico-parlementaire. Qu'elle soit « populaire » ou plus « extrême ». Que son modèle soit le Front populaire ou le parti bolchevique. Il faudra trouver autre chose. Il y va de la dignité d'une future «gauche extrême», qui ne rougira plus de ses justes positions, et réapprendra à toutes les thématiques de droite d'y regarder à deux fois avant de se prononcer publiquement. Aujourd'hui, c'est la gauche qui a honte d'absolument tout ce qui constitue son histoire, et toutes les nuances de la droite qui triomphent dans une criminelle *bonne conscience* de leur généalogie : droit du sang, colonies, choucroute.

Pourtant, la France a bien été le pays qui a imposé, par l'événement le plus important qui ait affecté l'humanité dans les derniers siècles, la Révolution de 1789-1795, les principes de la démocratie et de la République, tels qu'ils se prétendent répétés dans le monde occidental tout entier. Que ce soit la science, l'art, l'amour, la politique, la philosophie, chaque événement fait vivre l'humanité qui lui succède dans sa répétition immanente. J'écris ce texte sur un ordinateur portable, dans un appartement parisien chauffé et illuminé en plein hiver : la technique comme répétition du génie et des événements scientifiques. Je le fais dans le cadre des règles du jeu démocratique : ce luxe n'est pas donné à tout le monde, du fait que des Ancêtres ont fait événement par l'imposition de ce qui n'existait pas dans ce qui existait[1]. À cet héroïsme légi-

---

1. Toute tentative de «déconstruire» cette dialectique événement/répétition doit être appelée par son nom : révisionnisme et négationnisme. L'esclave, de Spartacus à la Révolution française, du colonisé au prolétaire, *doit* se soulever; ce n'est pas le Maître qui le fera à sa place. Un des thèmes les plus souvent agités par la droite

time nul n'est tenu, et mieux vaut consentir au défaitisme nihiliste que d'aviser à ressusciter les vieux feux sacrés.

Le Principe qui doit commander à toute mise en forme d'une République et d'une démocratie a été formulé par Rousseau : la volonté générale ne se divise point. Les révolutionnaires qui traduisirent ensuite le Principe dans les faits trouvèrent aussi la meilleure *forme* qui, à l'époque, était *techniquement possible* : le Parlement, quand le meilleur moyen de transport était le cheval, et le carrosse. Le peuple déléguait, des quatre coins de la France, les représentants de sa volonté ; le meilleur moyen de se diviser *aussi peu* que possible.

Aujourd'hui, force est de constater que la répétition du principe démocratique a basculé dans le fétichisme le plus creux. À l'époque du nucléaire et de l'avion, des télécommunications et d'Internet, la forme de la démocratie est toujours celle des humains qui se déplacent en carrosse et à cheval. C'est aussi *contre* ce fait, typique de ce que nous disions de l'*homo sacer*, à savoir de celui qui peut être assassiné sans que son meurtre revête la

---

extrême démocratique est celle de l'« anti-progressisme », sorte de lieu commun nihiliste chic. On parle, avec la sagesse statique de celui à qui on ne la fait pas, du « progrès comme opium de l'Histoire », après la religion comme opium des masses ; et on vante les mérites, par exemple, de Joseph de Maistre, et de son bon sens réactionnaire quant aux excès de la Révolution française. Contre ce nihilisme facile, exploitant toujours le poids des crimes de l'Histoire, il faut soutenir *qu'il y a*, partout et toujours, des progrès effectifs : l'abolition de l'esclavage est un progrès, et l'émancipation des femmes ; la technique dans tous les domaines, et la libération sexuelle. Je proposerais volontiers, à qui agite ce motif, de retirer aussitôt tous les bénéfices de l'électricité et de l'informatique, de l'hygiène et de la contraception, pour éprouver jusqu'à quel point il est prêt à soutenir sa « pensée » « anti-progressiste », si remplie de morgue snob.

moindre valeur judiciaire, que les émeutes françaises se sont produites ; là où la frilosité parisienne soupçonne, avec une paranoïa typique des fascismes, toute critique de la *forme* démocratique comme une critique intrinsèque de la démocratie elle-même[1].

La « démocratie » se résume effectivement, pour le citoyen, à déposer un morceau de papier dans une boîte, une fois tous les trois ou cinq ans. Les moyens techniques qui existent ne servent à aucune participation effective du citoyen à la démocratie, mais à écouter, de l'oreille du sourd, ceux qui représentent la volonté générale, en étant « élus » comme si les distances, entre les hommes, étaient beaucoup plus grandes, sur la terre, en 2005, qu'à l'époque des carrosses et des chevaux ; ou cooptés médiatiquement, selon des critères aussi ridicules et inconsistants que le droit divin qui justifiait, naguère encore, la royauté.

Que peut-il se passer maintenant, pour les prochaines élections présidentielles en France ? Rien du tout. Rien, et on appelle encore ça la « démocratie ». La droite extrême devrait l'emporter haut la main, et c'est tout ce qu'il y a à en dire aujourd'hui. Il n'y a donc plus, depuis au moins le 21 avril 2002, aucune vie démocratique sérieuse en France. Le Parti socialiste n'accédera probablement pas au second tour ; la défiance du peuple envers tout ce que peut lui dire le médiatique pour le faire « se ressaisir », depuis le 29 mai 2005[2], est sans

1. Pour approfondir, voir *La haine de la démocratie*, Jacques Rancière, Paris, La Fabrique, 2005.
2. Le peuple français, à cette date, vota massivement « non » (55 %) au référendum sur la nouvelle Constitution européenne. Les médias français avait unanimement loué, les mois qui précédèrent, les mérites de cette Constitution et la charge mystico-historiale que constituait l'obligation stalinienne de voter « oui ». On peut dater de

appel. S'il y accède, il perdra lamentablement. S'il n'y accède pas, il y a deux solutions : soit c'est le candidat d'extrême droite qui rebelote, et le « sursaut citoyen » qui eut lieu dans les deux semaines qui ont séparé le 21 avril du 5 mai 2002, sanctionné du score « démocratique » mémorable de Chirac[1], ne se reproduira pas. L'extrême droite classique aura alors toute latitude pour réaliser un score plus haut que jamais auparavant, entre 25 et 30 %, et la droite extrême deviendra encore un peu plus extrême. Soit un candidat-surprise de l'extrême gauche, Besancenot ou Bové, accède au second tour, et, la machinerie médiatique étant ce qu'elle est de nos jours – c'est-à-dire un appareil d'État strict –, il n'aura aucune chance de l'emporter, et la droite extrême placera son candidat au poste qui lui est d'ores et déjà dévolu. Aucun chien galeux ne viendra ébranler la quille unique du jeu « démocratique ».

La démocratie ne subit donc pas simplement une « crise », mais est maintenue, par la perfusion médiatique, en survie artificielle. Une image synthétique incessante nous fait croire à la vie pleine d'un corps en coma dépassé. Une *forme* de la démocratie, le médiatico-parlementaire, est en train de vivre ses derniers instants. On ne redressera pas l'absurdité de la représentation

---

cette époque le divorce enfin consommé entre le peuple et la propagande médiatique ; qui reçut un avertissement terrible, resté aux oreilles du médiatique sans suite, le 21 avril 2002. Ce point est capital en France : les gens ne vont plus voter que *contre* les médias.

1. 82,5 %. Je ne sache pas qu'un Laurent Gbagbo, en Côte d'Ivoire, rencontre de si extatiques facilités ; d'où la sagesse de l'ouvrier sans papiers que je citais. Mais il me suffit d'invoquer le souvenir de mon enfance tunisienne, et de l'autoritarisme mou de Bourguiba, pour avoir une jauge suffisante de la démocratie française contemporaine.

parlementaire du peuple par des quotas ; il est beaucoup trop tard pour que les « Noirs » et les « Arabes » viennent aujourd'hui mendier quelques postes pour redorer la galerie. Ils ne mendieront pas, ils prendront. Ce qui leur est dû. Et les représentants médiatiques des « minorités », qui professent maintenant l'éveil des mêmes minorités, comme quoi le vote, c'est la solution, viennent trop tard. Le Parlement est masculin, blanc, bourgeois et hétérosexuel. Il ne représente plus grand monde depuis longtemps.

Par conséquent, le point le plus important, et absolument inédit dans l'Histoire, est le suivant : le combat ne portera pas sur le *contenu* d'une démocratie, que sa *forme* a rendue inopérante, mais sur cette forme *même*.

Être démocrate aujourd'hui, c'est avant toute chose ne plus aller voter, mentir aux sondages, et dénoncer la collusion du médiatique et du parlementaire. Les émeutiers, les votants du 21 avril et du « non » à la Constitution ne s'y sont pas trompés : les uns ont traité les journalistes comme de la police en puissance ; les autres ne votent plus pour un contenu politique absent depuis longtemps, mais contre une *forme devenue caduque de la démocratie*. Eux aussi se comportent comme de grands enfants ; parce qu'on ne leur laisse pas le choix, et qu'on les traite comme « des enfants à qui il suffit de dire : il faut » (Debord).

Cette crise de la démocratie n'arrive donc plus à se grimer que dans une psychose, et une psychose racialiste. Nous savons que la forme la plus extrême qu'ait prise le racisme historiquement a été l'antisémitisme national-socialiste allemand. Il est bon de livrer ici quelques réflexions succinctes sur l'origine de cette psychose, où doit s'instruire quiconque voit faire retour, et de toutes parts, un délire racialiste, comme un intellectuel français d'origine tunisienne est aujourd'hui obligé, quoique ce ne fût pas au départ sa préoccupation principale, de le constater.

Que voulait dire « juif », à l'origine ? Les juifs étaient des esclaves égyptiens, que Moïse, bâtard déchu du règne du pharaon Akhenaton, a repris en charge. Akhenaton, premier inventeur historique du monothéisme, espérait que cette religion, par son « universalisme » impérialiste, soumettrait ou supprimerait tous les paganismes locaux (pléonasme). Mais Akhenaton a échoué, parce qu'il était pharaon, et que l'Empire colonialiste égyptien était scandalisé par cette religion aux résonances, quoique impérialistes, *déjà égalitaires*. Le monothéisme ne pouvait marcher *que pour ceux* qui étaient les premiers concernés par l'égalité : ses exclus, ses ban-dits, ne comptant pour rien dans la société. Et le monothéisme a fonctionné avec ces esclaves, qui, *en se supprimant eux-mêmes en tant qu'esclaves*, sont devenus historiquement « les juifs ».

Il suffit de lire les historiens romains de l'époque, pour savoir ce que pensait le citoyen romain moyen de cette secte d'esclaves affranchis : la même chose que les sarkozystes de la « racaille ». Pour tout dire, sans cette nécessité historique, prolongée dans la subversion chrétienne, personne ne parlerait de ce que Nietzsche appelait le « petit peuple juif », et que Tacite, dans un accent très proche de la « racaille », appelait le « peuple abominable ». Tacite et les Romains reprochaient aux juifs exactement ce qu'on reproche aujourd'hui au « sauvageon » et au « consommateur nihiliste » des démocraties décadentes : dissoudre tous les liens sacrés de la famille, de la filiation, de la sexuation « naturelle ». Et Marx fera l'« éloge » du capitalisme dans les mêmes termes, quasi deux millénaires plus tard : la dissolution de tous les liens sacrés, au profit du seul « intérêt égoïste » du marché. Cette dissolution, selon lui, ne pouvait être réparée par des dispositions réactionnaires, mais au contraire devait être portée à son terme, dont la relève serait le socialisme, la libre association des hommes, la libre disposition de son corps et de ses activités. Il faut encore se souvenir d'une chose : quand Marx parlait de la religion comme de « l'opium des peuples », le Moïse historique a appris à son peuple à *ne pas croire à l'au-delà*. C'est un point doctrinal essentiel du monothéisme des origines : le dieu favori du paganisme égyptien était Osiris, le dieu des Morts. Ainsi, les esclaves pouvaient se consoler de leur sort en se délectant de l'imaginaire des au-delà. Moïse les a poussés au soulèvement, et à sa réussite, en leur apprenant à renoncer fermement à cet imaginaire.

De Moïse à Marx, la conséquence est bonne. Sans l'appui doctrinal du monothéisme des origines, qui supprimait la croyance à l'au-delà que les idoles païennes inculquaient au peuple comme l'opium consolateur, la sortie d'Égypte des esclaves ne se serait pas produite.

En un peu moins d'une vingtaine de siècles, la subversion juive triomphe, et toute trace de paganisme disparaît de la terre. Le monothéisme était bel et bien porté par une nécessité historique, que le peuple juif a réalisée, universalisée ; universalisé l'universel. Le peuple juif, peuple de désabrités, sortant d'Égypte et fondant son État, finira par le perdre quatorze siècles plus tard : «Pompée fut le premier Romain qui dompta les juifs et qui, par droit de conquête, pénétra dans le Temple : c'est alors que le bruit se répandit que le temple *ne contenait aucune figure des dieux, que le sanctuaire était vide et ne contenait aucun mystère*» (Tacite, c'est moi qui souligne). Pompée fut aussi l'un des répresseurs décisifs de la révolte menée par Spartacus, soldée par trente mille crucifixions abominables, soixante-dix ans avant la naissance d'un certain Jésus-Christ, dont on sait qu'il sèmera plus qu'à son tour quelques troubles dans la Palestine reconquise par les Romains.

Saint Paul arrive à ce moment, quand les juifs sont privés pour la première fois de l'État qu'ils fondèrent ; cosmopolite parfait, au croisement de la foi rabbinique, de la philosophie grecque et de l'impérialisme romain, il comprend que le christianisme est la seule chance historique de sauver l'universalisme juif, le monothéisme.

Il faut donc aller plus loin encore : non seulement, sans saint Paul, la subversion juive ne se serait pas prolongée, mais elle eût disparu de l'Histoire ou eût été rendue anecdotique. C'est cependant cette contingence qui n'est pas non plus soutenable : en réalité, la subversion monothéiste revêtait une nécessité historique, philosophique, politique, à ce point puissante, dont le nom juif est le premier *copyright* éternel, que rien de ce qui s'est passé n'aurait pu se passer autrement. Ce qui fut contingent, ce sont les noms : égyptiens, juifs, chrétiens, Moïse, Jésus, saint Paul ; sous la contingence des noms et des lieux, la subversion monothéiste, qui est subversion égalitaire, universaliste et progressiste, *devait* historiquement advenir et triompher comme elle l'a fait.

La résonance de ce fait n'est-elle pas *concrètement actuelle*? Le problème de l'Occident, sa mauvaise conscience et sa disette actuelle, n'est-il pas celui d'un face-à-face immanent de l'humanité avec le vide? Dont l'atroce consommateur démocratique de porno, de rap et de jeu vidéo est le bouc émissaire facile? Ce vide qu'on «remplit», politiquement, artistiquement, philosophiquement, comme on peut depuis trente ans, c'est-à-dire mal? Le médiatico-parlementaire où la démocratie souffle sur ses propres braises n'est-il pas devenu un *paganisme athée*, où tout n'est fait que pour les «Dieux vivants» que sont nos admirables vedettes?

Cette subversion universaliste, égalitaire, de l'Occident en ce qu'il a de meilleur, d'où est-elle venue? D'esclaves *africains*. Qu'est-ce que le juif? *Le point de capiton de l'Africain et de l'Occidental.*

N'insistons pas sur le rapport avec tout ce que la France actuelle compte de moutons noirs.

La psychose hitlérienne, et plus généralement fasciste, ne s'est pas trompée de bouc émissaire. À un moment donné de l'histoire, le terme «juif» a pu recouvrir la même réalité que les termes «sans-culotte», «prolétaire», et aujourd'hui «membre d'un pays pauvre». Marx disait du prolétariat qu'il était l'«humanité générique»: c'est exactement en ce sens qu'il faut entendre le syntagme de «peuple élu» dans le monothéisme des origines: le peuple le plus désabrité, le plus à-ban-donné, est celui qui détient l'avenir et la vérité de l'humanité tout entière. La suite donnera raison à Marx comme elle continue à donner raison, y compris sur le mode psychotique présent, à Moïse. « Juif » est le nom de tous ceux qui contribueront à l'universalisme en *niant* que leurs conditions d'hommes du ban soit une substance génétique. Elle n'est pas génétique, mais *générique*, c'est-à-dire qu'elle répand l'universalité des vérités. Que cette vérité déplaise à la psychose présente, c'est un fait. Qu'on s'accable du fait qu'il est *logique* qu'une grande part, non seulement des sportifs et des chanteurs de variété (sans parler de la totalité du rap, musique bien souvent admirable, et monopolisée historiquement, aux États-Unis en tout cas, par des Noirs), mais des philosophes, des écrivains, des artistes, des scientifiques, soient appelés dans l'avenir à être, assez souvent, *des métèques*, voilà ce que la psychose présente n'entrevoit *que trop*.

Ou plutôt, et je parle ici d'expérience, *ne veut voir à aucun prix*. L'*évidence* d'un écrivain important, d'un philosophe important, est cela même qu'on ne *veut* plus voir, tant le misérabilisme et le « dépressionnisme » du petit-bourgeois occidental est sa seule et unique préoccupation. Je sais personnellement de quoi je parle : un philosophe, qui publie dans des revues chic, m'a traité en public de « métèque à belle gueule » ; des journalistes connus ont comparé mon œuvre littéraire et philosophique à de la « cuisine tunisienne » ; dans un élan ironique, certains se moquaient de ma propension à jouer au « pauvre petit immigré rebeu[1] » ; d'autres en y allant,

1. Et c'est cette dialectique qui autorise, désormais, toutes les montées aux enchères des « dérapages » médiatico-communautaristes dosés. Ce que tout Arabe, tout Noir, tout homosexuel ne peut s'empêcher de se demander désormais, c'est : « Diriez-vous cela d'un juif ? » Le même journaliste qui rapporte ces propos abjects sur le « pauvre petit immigré rebeu » se permettrait-il, à propos de Jacques Derrida (pour prendre un vrai grand nom de la philosophie),

tandis que je me contentais de *mentionner* mes origines tunisiennes, d'un folklorique (avec l'accent « caillera » notoire) : « ah ouais, chouis un bouâtârd » ; certains même, qui avaient emprunté le titre de mon premier roman pour leur torchon, où, dans un esprit bon enfant potache, on ne cessait de jouer des signes de l'extrême droite (mais ce n'est qu'un jeu, hein...), n'ont pas hésité à parler de moi en termes de « fin de race ». On arrive en France à treize ans ; votre meilleur ami, en riant, vous dit tous les jours pour vous saluer : « ça va, sale Arabe », et on n'y voit, à juste titre, que plaisanterie ; les années passent, on fait son chemin ; les plaisanteries ne cessent pas ; l'ironie vire au jaune, puis à la jaunisse ; puis on comprend que tous ceux qui ironisent, à n'en plus finir, sur le racisme... *parlaient vrai*. On s'est long-temps pincé pour y croire ; on se disait qu'on avait la berlue, ou que ce n'était pas si grave. On se réveille, un jour, dans le pays tel qu'il est.

Tout ceci, à l'époque qui précédait l'état d'urgence décrété après les émeutes, devait encore se dire de manière un peu honteuse, mondaine et allusive. Tout laisse croire que c'est fini ; le néant politique qui pèse sur toute la vie démocratique française depuis plus de trente ans ne pouvait aboutir qu'à cela.

---

de parler de son enfance algéroise en termes de « pauvre petit im-migré feujard » ? Non. À part dans les feuilles de l'extrême droite classique, et encore, les circonstances historiques ont fait peser un juste et salutaire tabou sur l'antisémitisme. L'envers de ce gain, c'est l'instrumentalisation de l'antisémitisme, aussi abjecte que l'antisé-mitisme lui-même, dans la constitution de tous les « racismes » *de seconde zone*, de seconde classe.

La droite extrême veut évacuer le problème de *tous les Français* dans le tout-à-l'égout de quelques « voyous » « étrangers », parce que la petite-bourgeoisie « blanche » qui se veut, toujours, le centre intellectuel et idéologique de Paris, n'a plus aucun désir de rien, a honte de toute Idée importante qui pourrait lui survenir, et a allégrement abandonné quelque goût de l'« étude » que ce soit. L'« étude » est l'un de ces arguments brandis par la droite extrême pour montrer ce dont les bêtes de banlieue seront à jamais incapables.

Et ce sont *exactement ceux* qui ont prétendu prendre en main la « question de l'éducation » en France, et se sont vu offrir les moyens matériels de l'infléchir, qui se plaignent de son naufrage à tout instant. Ils pointent ses débris, les incendiaires de voitures et d'écoles, pour dissimuler leur propre échec. Pour dissimuler que, depuis plus de trente ans, l'échec de tous les domaines de la culture française, *c'est eux*. Comme ils ne veulent pas attaquer la racine du problème, qui est la faillite de la vie culturelle et intellectuelle française depuis trente ans, le triomphe du nihilisme tantôt hilare, tantôt dépressif, l'érection de « stars », y compris « intellectuelles », de plus en plus piteuses et misérables, mieux vaut à la fin que *tout le monde sombre* avec eux, et en particulier les plus indésirables : qui risquent de pourvoir l'anémie médiatico-parlementaire d'un peu de *sang chaud*. Et je *sais d'avance* quel réflexe mental auront, face aux propos que je viens de tenir, nombre de ceux qui répondent à tous les *stimuli* du catéchisme nihiliste de notre temps : « Ah ! Il nous la joue Arabe du désert, bamboula enfiévré, le rythme dans la peau. *Il ne nous la fera pas.* » Car c'est exactement cette manière qu'a le citoyen moderne de *n'être*

dupe de rien, car c'est exactement ce catéchisme nihiliste que lui inculquent les médias, qui le rendent *sujet
du pire*. Voilà *comment* résonne sans cesse le nihilisme
petit-bourgeois français, et le ferment de sa psychose :
il soupçonne toujours que tout ce qui est *positif* dans
l'Autre relève d'un semblant *folklorique*, qui cache
le réel « égalitaire » d'une nullité dépressive égale à
la sienne. Il veut bien montrer qu'il aime son voisin
l'Arabe, pour peu qu'il les conforte dans leur folklore ;
il veut bien du comique sympathique ou du romancier
tchatcheur, c'est-à-dire de l'Arabe « zarma » pittores-
que. Pour tous les Arabes, cette imagerie finit par être
aussi gratifiante, disons, que si le génie français était
incarné uniquement par Philippe Bouvard, ou le génie
juif par le comique Popec. Il veut bien de Malik Boutih
au Parlement, comme *nec plus ultra* de l'Arabe repré-
sentatif. Ainsi, le monde se partagera enfin entre la
minorité chanceuse des Occidentaux, qui n'ont qu'une
appartenance, et une extrême majorité de parias, sans
appartenance, fuyant leur pays sans pouvoir trouver
nulle part de refuge.

Un mot sur l'école, où la droite extrême s'exténue à
stigmatiser les victimes de leur gestion désastreuse de
l'Éducation nationale. Nombreuses furent les tentatives révolutionnaires de la changer, à la suite des événements de mai 68. Ces tentatives ont aujourd'hui sombré
dans l'oubli. Et pourtant, il en reste quelque chose : le
peu qui nourrisse l'espoir en l'avenir proche. Une de
ces tentatives fut l'université de Vincennes : l'université
enfin populaire, égalitaire, où se concentra tout ce que
la France philosophique comptait de grand : Deleuze,
Foucault, Lyotard, Châtelet... Alain Badiou fut l'un des
protagonistes de cette aventure. Devenu plus tard direc-

teur du département de philosophie à l'École normale supérieure, où il tient un séminaire couru. Il n'en a pas pour autant oublié d'obéir au seul principe démocratique et éducatif qui vaille : « à chacun selon son mérite ». Rien ne l'obligeait, après d'autres grands noms de la philosophie contemporaine, à s'intéresser à un « métèque » dans mon genre, n'ayant que le baccalauréat pour titre académique. Rien ne l'obligeait à accorder à un de ces éternels enfants grandis dans le rap, les jeux vidéo et la pornographie, un des plus longs échanges philosophiques. Il faut donc croire que la « zone », le rap, la drogue, la pornographie ne m'ont pas ôté le désir d'aller vers la littérature, la poésie, la philosophie la plus difficile, la logique, les mathématiques, l'histoire, bref : l'« étude » la plus passionnée.

Après la ruse hégélienne de l'Histoire, on appellera ruse « dépressionniste » la stratégie petite-bourgeoise du nihilisme : prendre sur soi qu'on est un déchet, une merde, etc., pour s'estimer quitte de s'occuper de tous ceux qui sont *effectivement*, aujourd'hui et dans le monde unifié, les déchets que l'Occident fantasme d'évacuer. Une seule et unique fois dans son histoire, l'Occident a pleinement réalisé son fantasme, dans des chambres à gaz et des fours crématoires. Comme l'a rappelé avec courage Jean Daniel, la question d'Auschwitz est une question qui concerne l'humanité *tout entière*, et non le capital de telle communauté contre telle autre, qui donne aujourd'hui la concurrence aux généalogies victimales de telles à telles communautés. Ceci, donc, aussi bien contre l'antisémitisme renaissant, que contre les dérives droitières des idéologues médiatico-parlementaires, qui avalisent les « autres » racismes que celui-là.

Il ne s'agit évidemment pas d'en tirer la simple conclusion que le fascisme démocratique, qui se met en place, pays par pays, dans l'Empire occidental, recoupe la psychose hitlérienne, ou les autres fascismes historiques. Rien ne se répète tel quel dans l'Histoire, et la fameuse fécondité du ventre de la Bête est surtout riche en *nouveautés*. C'est la nouveauté dont nous sommes contemporains qu'il s'agit de décrire. Et de décrire l'absolue singularité des événements récents.

Mais enfin, la *forme* de la psychose est rigoureusement la même. On *désigne* l'homme du ban, l'exclu, le paria, parce que la France et l'Europe, ayant presque anéanti toute culture politique «de gauche», a aussi fait subir une dévaluation verticale du travail manuel salarié. Tous les prolétaires réels le disent. «Blancs», «Noirs», «Arabes», «juifs»: plus personne dans la jeunesse ne veut exercer un travail manuel dévalué (ce qu'on entend beaucoup dans le rap, comme par exemple le chanteur français (si, si...) Oxmo Puccino, expliquant qu'il se retrouve régulièrement devant l'assistante sociale, qui lui propose une formation de chaudronnier, et ses doutes quant à la perspective existentielle de se retrouver devant un chaudron). Nombreux votent à l'extrême droite, ou pour la droite extrême, faute de la moindre espérance en une politique, et de fil en aiguille en une culture, qui s'occupe d'eux (la culture de masse a mis en valeur, logiquement, la figure du *gangster*, du bandit qui fait la loi lui-même, et monte l'échelle sociale par tous les moyens). Mais ils disent aussi que la génération du *baby-boom*, où il y avait non pas seulement des intellectuels, des «artistes» et des journalistes, mais surtout une majorité d'ouvriers, est en train de s'éteindre.

Il m'est plus facile de m'entendre avec un ouvrier «de droite» qu'avec un bourgeois parisien «de gauche» sur ces questions! Et le problème est que tous les décideurs économiques d'Europe, qu'on peut difficilement soupçonner (eux non plus!) de «gauchisme», disent désormais la même chose : qu'on a besoin de renflouer, par centaines de milliers de bras, le travail manuel; qu'il y a une crise dramatique de la main-d'œuvre qualifiée; que le déficit démographique entraîné par le confort dépressif des sociétés occidentales en précipitera même, exponentiellement, la nécessité.

La psychose éclate alors en pleine lumière. Lénine, qui a aujourd'hui mauvaise presse, mais qui savait raisonner, disait que le politique est le concentré de l'économie. Le fascisme démocratique persécute *exactement ceux dont il a le plus besoin, ici et maintenant, mais à ses conditions.* Les ouvriers immigrés, de préférence les boucs émissaires «sans papiers». Et tous les débats autour du colonialisme s'éclairent aussi : le réel que ne peut plus voir la psychose présente, c'est celle qu'elle avoue sans cesse dans son fantasme même, étalé partout.

La France, aujourd'hui, veut des ouvriers travaillant dans des conditions et à des tarifs strictement égaux à ceux d'un État colonial.

Ne doutons pas que l'Europe soit toute prête à lui emboîter le pas.

Pour finir, l'échec des révolutions léninistes et maoïstes aura été de mettre la charrue du socialisme avant les bœufs de la démocratie capitaliste. Ces révolutions eurent lieu dans des pays archaïques, ruraux, très en retard sur l'industrialisation occidentale. En réalité, nul pays n'a *jamais* encore connu la transition prévue par Marx : du capitalisme au socialisme. On voit la Chine et la Russie devoir repasser par la case du capitalisme, comme tout le monde (et avec une efficacité dont on dénonce le cynisme, dans lequel on refuse de reconnaître le nôtre. Les psychiatres savent qu'un des symptômes terminaux de la schizophrénie, *c'est de ne plus pouvoir voir son visage dans le miroir*).

Les révolutions fascistes et nazies, elles, ont eu lieu dans des pays bourgeois industrialisés, en réaction terrifiée aux révolutions socialistes, et aussi d'orgueil aux humiliations de la Première Guerre mondiale. Comme le dit même le « marxisme » tempéré de Marcel Gauchet[1], il est indubitable que le fascisme fut *l'aveu par la bourgeoisie de son vrai visage*, face à l'imprévisible menace mondiale profilée par la révolution d'Octobre : le rictus réflexe face à la possible *réussite d'un projet égalitaire dans le monde*.

Ce qui reste aujourd'hui du « socialisme réel », Venezuela, Bolivie, Cuba, est le fait, toujours et encore, de pays pauvres. La démocratie capitaliste, n'ayant plus d'autre horizon qu'elle-même, se retourne donc,

---

1. « L'hypothèse vaut d'ailleurs d'être risquée, selon laquelle la révolution bolchevique de 1917 aurait littéralement révélé l'idéologie bourgeoise à elle-même et libéré sa propre puissance totalitaire », dans « L'expérience totalitaire et la pensée de la politique », qu'on trouvera dans le recueil *La condition politique*, Gallimard, collection « Tel », Paris, 2005.

fort naturellement, vers sa réaction viscérale à l'exhibition désormais « mondialisée » des pauvres. Et l'humanité occidentale restera « nihiliste », incorporera sans cesse sa mauvaise conscience, se fantasmera, hélas! *à très bon droit*, merde et déchet, tant qu'elle n'aura pas réparé ce point, ou à tout le moins fait un pas en direction d'une *nouvelle politique* pour cette réparation, qui ne soit pas la simple acquisition de conscience « humanitaire ».

Ceux qui avaient prédit que, faute d'une critique radicale du capitalisme, mieux valait s'abstenir de critiquer les fascismes, ne s'étaient donc pas trompés. Russie, États-Unis, Italie, et bientôt la France : faute du fameux spectre du « communisme réel », dont l'horreur eut au moins, rétroactivement, le mérite d'astreindre les démocraties bourgeoises à un minimum de tenue, ces démocraties n'ont pas d'autre alternative historico-politique que le discours arbitraire et « positivement discriminatoire », rhétorique abjecte de ce nouveau fascisme, à la posologie toute « démocratique » de la droite la plus extrême.

La gauche, elle, n'existe plus, d'être partout tantalisée par sa propre histoire, passée au seul crible de l'humanisme abstrait, qu'imposèrent, comme par hasard, exactement ceux qui sont aujourd'hui les promoteurs de la droite extrême française. Chaque fois qu'un pauvre naïf est saisi la main dans le sac de l'héritage historique de la gauche, il est exécuté sans sommation. Les Italiens, eux, n'ont plus publiquement à avoir honte de l'« héritage » fasciste ; les Américains, du pire obscurantisme religieux ; les Russes, de la xénophobie la plus simple ; et les Français peuvent maintenant discuter, en toute « démocratie » conviviale, des bienfaits de la colonisation. Bernard Kouchner assène que « la lutte des classes, on n'en veut plus » ; ce qui est le dernier mot du négationnisme de la gauche quant à sa propre histoire. Et je ne parle pas des déplorables « révolutions sanglantes » de pays qui vivaient dans de tout autres conditions que l'Occident industrialisé et bourgeois. Je parle de l'accession de la gauche socialiste au pouvoir. François Mitterrand n'aurait *jamais* accédé à la présidence de la République sans la lutte des classes[1].

La lutte des classes, il n'y a pas à la « vouloir » ou pas. Elle a lieu, c'est tout. Entre la Russie tsariste ou la Chine rurale, qui comportait 90 % d'ouvriers et de paysans vivant dans des conditions abominables, et la France de 2005, qui comprend encore, malgré tout, 50 % de prolétaires, mais vivant dans des conditions infiniment plus décentes, la lutte des classes révèle sa pleine efficience selon les conditions sociales réelles dans lesquelles vivent les gens. On ne peut certes parler du « prolétariat » occidental, appartements, télévision et chauffage, dans les mêmes termes que ceux du dix-neuvième siècle. Hélas! Pour l'écrasante majorité de l'humanité, *on le peut toujours*, dans les termes intacts de son invention; en particulier pour qui, sur notre sol même, est privé des droits normaux d'une « démocratie ». Comme hommes du ban à l'état pur, que je porte à la connaissance de nos idéologues, et qui en dit long sur la « facilité d'intégration », il faut citer le cas d'un bidonville « découvert » autour de la ville de Nice, où se terrent comme des bêtes sauvages d'anciens ouvriers

1. Je renvoie là-dessus aussi aux analyses de Marcel Gauchet, dans *La démocratie contre elle-même*, Gallimard, collection « Tel », Paris, 2002, et au chapitre : « Les mauvaises surprises d'une oubliée : la lutte des classes. »

tunisiens, immigrés des années soixante, et qui ne jouissent ni des retraites, ni de la sécurité sociale, ni de papiers d'identité valides. Ils ne peuvent non plus «rentrer en Tunisie». L'existence de ces bidonvilles est, en réalité, avérée aussi bien dans des zones rases autour de Paris.

La lutte des classes est le réel insécable de la *mondialisation* en voie d'accomplissement.

Non qu'il soit possible de revenir à la bonne vieille «guerre des classes». Hélas encore, cette invention est de Lénine et de Mao, non de Marx. Dans les conditions historiques qui furent les leurs, et selon la transition immédiate qu'ils voulaient faire du féodalisme au socialisme, la guerre était la seule forme possible de ce que Marx appelait sobrement «lutte». Il n'ignorait pas les bienfaits possibles de telles ou telles *démocraties* pour cette lutte. Il ne donnait par exemple pas cher des chances de la Russie d'accomplir le socialisme, en raison justement de son arriération ; à ses yeux, seul un pays ayant atteint le stade du capitalisme bourgeois, et de préférence démocratique, réunissait les conditions nécessaires à l'accomplissement du socialisme.

L'impasse politique contemporaine, c'est-à-dire de la gauche, tient finalement en deux points. Le premier est l'impossibilité, avérée par des dizaines de tentatives aussi ambitieuses qu'avortées, de *faire la critique du capitalisme* sans être communiste, quelle que soit la manière dont on entend cet «être». La seconde, qui doit peser de tout son poids dans les débats politiques à venir, c'est que si le crime d'État est la catégorie centrale à partir de quoi penser la politique, alors l'examen numérique documenté des agissements internationaux des États-Unis depuis plus de trente ans persuade qu'ils sont, de très loin, les plus grands responsables de crimes d'État.

Le « sécuritaire » popularisé en France, par la droite extrême, n'est pas un problème politique. Il y a toujours eu de la délinquance et de la pègre, aujourd'hui ni plus ni moins qu'hier. Que l'État soit tenu d'en traiter les problèmes, ce n'est pas bien nouveau. Ce qui est nouveau, c'est, plutôt que d'aviser aux nouveaux moyens de traiter la question, qu'on ait mis le problème en première ligne. On fait donc de la « politique » avec ce qui n'en est pas. Les émeutes populaires françaises de novembre 2005 ont *répondu* à ce problème. Qu'est-ce qu'un événement (mai 68 par exemple)? Le moment où la loi est suspendue *pour tous*. Qu'est-ce que le ban? L'endroit étatique où la loi est suspendue *pour quelques-uns*. C'est pourquoi l'événement *vient* le plus souvent du ban. Mais la nouveauté historique absolue des événements récents, c'est que, sans basculer dans l'événement au sens fort, la jeunesse a instauré un *rapport de forces* avec l'État européen tout entier. Cette jeunesse a fait événement par le simple fait d'*exposer* le ban. C'est la singularité historique absolue de ces événements (qui les différencie déjà de ceux qui leur ressemblent le plus, comme les émeutes de Watts aux États-Unis dans les années soixante, ou la situation palestinienne).

On ne *peut* parler de démocratie dans un pays avant que la misère y ait été éradiquée (d'où le fait que la démocratie « a peur » : elle est incapable de faire face au reflux de la misère en son propre sein. Et ce ne sont pas les « immigrés » et autres « clandestins », sans parler de la « racaille », qui la ramènent, mais l'irrationalisme aveugle du Capital lui-même.) On a vu, en Algérie, ce qu'a donné l'instauration de la démocratie alors même que les conditions de subsistances pour tous n'étaient pas assurées : la guerre civile. Et il ne pourra en être qu'ainsi dans tout pays économiquement sous-développé (c'est-à-dire, toujours, exploité). Ce que je viens de dire ne prête-t-il pas le flanc à l'argument « colonialiste » ? Si l'Algérie avait été encore française, mon bon monsieur, en serions-nous arrivés là ? Absolument pas, bien sûr. Les pays dits « sous-développés » en sont encore à payer aujourd'hui les frais du colonialisme. L'expérience algérienne, aussi éprouvante qu'elle soit, aussi sanglante qu'elle ait été, offre, intellectuellement et culturellement parlant, les premiers signes d'une démocratie *vivante*, de laquelle on aurait beaucoup à apprendre[1].

On connaît la scie populaire : « la dictature, c'est ferme ta gueule, la démocratie, c'est cause toujours ». Mais désormais, l'argument « démocratique » devient un argument du *fascisme* démocratique, chaque fois qu'il *interdit* quelque critique de quelque État démocratique que ce soit. L'argument du fascisme démocrati-

1. J'invite à découvrir la jeune littérature algérienne, tunisienne et marocaine contemporaine. Elle fait beaucoup plus honneur à la France que les engouements germano-pratins courants.

64

que est désormais invariablement : « on n'a pas le droit de dire du mal d'une démocratie ». La démocratie, c'est donc aussi bien : « ferme ta gueule ». C'est pourquoi, à titre personnel, je ne partage pas les engouements « alter-mondialistes ». Au contraire, je suis ultramondialiste. Pourquoi ?

L'État du *monde* dépend, cela devrait aller sans dire, mais comme personne ne le dit, cela va mieux en le disant, de la résolution définitive de la question israélo-palestinienne. Elle concentre, comme je l'ai trop brièvement montré ici, toute l'historicité générique des vérités humaines. Elle concentre la question du dépérissement de l'État-nation à échelle mondiale (ultramondialisme) : pour tous les États du monde, il n'y a plus qu'un moyen de se définir : par rapport à son *ban*. Et *non* (ce point est fondamental) par rapport à ce qui lui est simplement *extérieur*. La Palestine n'est rien d'autre que le ban d'Israël. L'État d'Israël rencontrera ses plus graves problèmes le jour où tous les Palestiniens auront été tués, ou chassés (ce qui n'arrivera pas non plus, d'où les conclusions urgentes à en tirer). Et chaque État-nation *riche* a désormais son ban. Les pays sous-développés ne sont pas le dehors de l'Occident, mais son ban. Un riche a le droit d'aller partout où ça lui chante, un pauvre nulle part. Des millions d'Occidentaux vont s'établir, quand l'envie leur en prend, en Afrique, pour les conditions de vie et les facilités financières ; ici, en Tunisie, où je finis ce livre, aucun Français n'est jamais embêté.

Ultramondialiste, parce que c'est la première fois de l'histoire de l'humanité que « tout se tient » à ce point. Que tout ce qui se passe à n'importe quel point du globe expose immédiatement sa relation à un point géographiquement très éloigné de lui. Et par exemple qu'un événement local des banlieues françaises ébranle non seulement l'État français, mais l'État européen, et jette les bases d'un *rapport de forces prolongé* avec lui.

Rapport qu'il s'agira de penser. Pensée qu'il s'agira de délivrer à *ceux qui en ont besoin*.

Turenne-Paris-Nabeul,
décembre 2005/janvier 2006.

Composé par Dominique Guillaumin
et achevé d'imprimer
par l'Imprimerie Floch
à Mayenne, le 13 avril 2006.
Dépôt légal : avril 2006.
Numéro d'imprimeur : 65619.
ISBN 2-07-078065-1 / Imprimé en France.

143716